Balakrishnan Subramanian
Venkatesan K.
Muthulakshmi M.

Cibersegurança e garantia da informação

Balakrishnan Subramanian
Venkatesan K.
Muthulakshmi M.

Cibersegurança e garantia da informação

Cibersegurança, garantia da informação

ScienciaScripts

RESUMO DO LIVRO

2

Cybersecurity and Information Assurance" é um livro abrangente que explora o mundo da cibersegurança, incluindo as ameaças, os desafios e as estratégias para proteger a informação e os sistemas informáticos contra ciberataques. Apresenta uma panorâmica dos conceitos e princípios fundamentais relacionados com a cibersegurança, a garantia da informação e a gestão do risco. O livro também aborda vários tópicos, como segurança de redes informáticas, criptografia, resposta a incidentes, conformidade e ciberdireito. Escrito de uma forma clara e sucinta, "Cybersecurity and Information Assurance" é um recurso essencial para quem procura compreender os meandros da cibersegurança e como se proteger contra as ciberameaças.

Capítulo -1

INTRODUÇÃO

VISÃO GERAL

A cibersegurança e a garantia da informação são dois aspectos críticos do mundo digital que visam proteger dados e informações sensíveis contra o acesso não autorizado, roubo ou danos. Com uma dependência cada vez maior da tecnologia, a necessidade de uma cibersegurança e de uma garantia da informação eficazes tornou-se mais importante do que nunca.

A cibersegurança envolve a proteção de sistemas informáticos, redes e dispositivos electrónicos contra o acesso não autorizado, roubo ou danos. Inclui vários processos que as organizações podem adotar para proteger os seus dados, tais como firewalls, software antivírus, encriptação, deteção de intrusões e mecanismos de prevenção. A cibersegurança é um domínio complexo e em constante evolução que exige uma avaliação contínua dos riscos e vulnerabilidades e uma ação imediata para atenuar as potenciais ameaças.

A garantia da informação é um conceito mais amplo que engloba a cibersegurança, centrando-se também na fiabilidade, integridade e disponibilidade da informação. Significa assegurar que os dados são exactos, completos e estão disponíveis para os utilizadores autorizados sempre que necessário. A garantia da informação envolve várias medidas, incluindo cópias de segurança de dados, controlos de acesso, encriptação de dados e planeamento da recuperação de desastres, para assegurar que os dados estão protegidos contra perdas ou danos.

Tanto a cibersegurança como a garantia da informação são fundamentais para as empresas, os governos e os indivíduos, uma vez que dependem da tecnologia da informação para desempenhar funções críticas. A cibersegurança e a garantia da informação desempenham um papel essencial na proteção desta tecnologia e na garantia de que as informações nela contidas permanecem seguras e disponíveis quando necessário.

Em conclusão, a cibersegurança e a garantia da informação são dois aspectos essenciais da proteção de dados e informações sensíveis no mundo digital atual. As organizações têm de implementar medidas sólidas de cibersegurança e garantia da informação para assegurar que os seus dados permanecem seguros, exactos e disponíveis para os utilizadores autorizados, quando necessário. Compreender a importância da cibersegurança e da garantia da informação pode ajudar as organizações a manterem-se na vanguarda do panorama digital em rápida evolução.

1.1 BREVE PANORÂMICA DO QUE É A CIBERSEGURANÇA

A cibersegurança é a prática de proteger computadores, servidores, dispositivos móveis, sistemas electrónicos, redes e dados contra ataques digitais, roubo, danos ou acesso não autorizado. Envolve uma vasta gama de tecnologias, práticas e processos que protegem a informação digital e os recursos informáticos de ataques maliciosos e intrusões.

A cibersegurança visa prevenir o cibercrime, as violações de dados, a perturbação da rede, o roubo de identidade e outros tipos de ciberataques que podem causar danos significativos a indivíduos, empresas e organizações. O principal objetivo da cibersegurança é garantir a confidencialidade, a integridade e a disponibilidade das informações e dos recursos digitais.

As medidas de cibersegurança incluem firewalls, sistemas de deteção e prevenção de intrusões, software antivírus e antimalware, encriptação de dados, mecanismos de controlo de acesso, autenticação multifactor, auditorias de segurança, avaliações de risco, planeamento de resposta a incidentes e formação de funcionários. Os profissionais de cibersegurança utilizam estas tecnologias e melhores práticas para identificar, analisar e atenuar as ciberameaças e vulnerabilidades.

Em resumo, a cibersegurança é fundamental para proteger todas as tecnologias digitais e permitir que as organizações e os indivíduos utilizem a Internet em segurança. À medida que a tecnologia continua a evoluir, a cibersegurança tornar-se-á mais complexa, exigindo um desenvolvimento e uma melhoria constantes para manter os sistemas seguros.

1.2 IMPORTÂNCIA DA GARANTIA DA INFORMAÇÃO

A garantia da informação é definida como a prática de proteger a confidencialidade, a integridade, a disponibilidade e a fiabilidade da informação e dos sistemas de informação. Na atual era digital, as empresas e organizações estão fortemente dependentes da tecnologia e dos sistemas de informação para realizarem as suas operações.

Consequentemente, é crucial salvaguardar esta informação e garantir a sua disponibilidade e fiabilidade.

Eis algumas razões pelas quais a garantia da informação é tão importante:

1. Protege a informação confidencial: As informações confidenciais, como segredos comerciais, dados de clientes, informações financeiras e propriedade intelectual, são fundamentais para o sucesso de qualquer organização. Sem a adoção de medidas adequadas de garantia da informação, esta informação pode ser divulgada ou roubada, conduzindo a enormes perdas para a organização.

2. Garante a conformidade: Muitas empresas e organizações são obrigadas a cumprir determinados regulamentos, como HIPAA, GDPR e PCI DSS. A garantia da informação ajuda a assegurar que a organização está a cumprir os seus requisitos legais e regulamentares.

3. Mitiga o risco: As ameaças à segurança da informação estão em constante evolução e as organizações devem manter-se vigilantes para se manterem à frente delas. Medidas eficazes de garantia da informação ajudam a identificar e a mitigar os potenciais riscos para a informação e para os sistemas de informação.

4. Mantém a continuidade do negócio: Qualquer perturbação nos sistemas de informação de uma organização pode ter um impacto grave nas suas operações e conduzir a perdas financeiras significativas. A garantia da informação ajuda a assegurar que os sistemas da organização estão disponíveis e a funcionar de forma

consistente e que podem recuperar rapidamente em caso de emergência.

5. Aumenta a confiança do cliente: Os clientes estão cada vez mais preocupados com a segurança dos seus dados pessoais e são mais propensos a fazer negócios com organizações que têm fortes medidas de garantia de informação em vigor. Medidas sólidas de garantia da informação podem ajudar a criar a confiança e a fidelidade do cliente.

Em conclusão, a garantia da informação é vital na era digital atual, uma vez que ajuda a proteger as informações confidenciais, assegura a conformidade, reduz os riscos, mantém a continuidade do negócio e aumenta a confiança dos clientes. Medidas adequadas de garantia da informação podem ajudar as organizações a manterem-se à frente da evolução das ameaças à segurança e a manterem as suas informações e sistemas de informação seguros.

Capítulo - 2

PANORAMA DAS AMEAÇAS CIBERNÉTICAS

VISÃO GERAL

O cenário de ciberameaças refere-se à gama de ameaças e vulnerabilidades que existem no domínio digital, como os dispositivos electrónicos, as redes e a Internet. Nos últimos anos, o panorama das ciberameaças tornou-se cada vez mais complexo e sofisticado devido aos avanços tecnológicos e ao aumento do número de cibercriminosos e de outros agentes maliciosos.

Uma das ameaças mais significativas no panorama das ciberameaças é o malware, que inclui vírus, cavalos de Troia, ransomware e outro software malicioso que pode infiltrar-se em redes, roubar dados e danificar sistemas. O malware pode ser disseminado através de vários meios, incluindo anexos de correio eletrónico, descarregamentos e sítios Web maliciosos.

Outra grande ameaça é o phishing, em que os atacantes enganam os utilizadores para que revelem informações sensíveis, como palavras-passe e números de cartões de crédito. Estes ataques podem assumir a forma de e-mails, sítios Web ou mesmo chamadas telefónicas.

Além disso, os cibercriminosos exploram frequentemente vulnerabilidades no software e hardware para obter acesso não autorizado a redes ou sistemas de controlo. Estas vulnerabilidades podem incluir software desatualizado, palavras-passe fracas e redes Wi-Fi não seguras.

O crescimento da Internet das Coisas (IoT) também introduziu novas vulnerabilidades no panorama das ciberameaças. Os dispositivos IoT, como os dispositivos domésticos inteligentes e o equipamento médico, estão muitas vezes mal protegidos e podem ser facilmente pirateados, podendo causar danos ou prejuízos significativos.

Os ciberataques patrocinados por Estados estão também a tornar-se cada vez mais comuns, com países que utilizam armas cibernéticas para se infiltrarem nas redes e sistemas de outras nações para fins de espionagem e outros.

De um modo geral, o panorama das ciberameaças está em constante evolução, com o aparecimento regular de novas ameaças e vulnerabilidades. As organizações e os indivíduos devem manter-se vigilantes e tomar medidas para se protegerem a si próprios e aos seus dados contra estas ameaças. Isto inclui a utilização de palavras-passe fortes, manter o software atualizado, praticar hábitos de navegação seguros e ter cuidado com e-mails e sítios Web suspeitos.

2.1 TIPOS DE CIBERAMEAÇAS

As ciberameaças referem-se principalmente a quaisquer actividades maliciosas que utilizam sistemas informáticos, redes ou a Internet para pôr em risco a integridade, a confidencialidade ou a disponibilidade de dados, sistemas informáticos ou dispositivos. Estas ameaças podem ter várias formas e podem ser classificadas em vários tipos:

1. Malware: Malware é qualquer software malicioso concebido para danificar, perturbar ou explorar sistemas informáticos, redes ou dispositivos móveis. Exemplos comuns de malware incluem vírus, worms, cavalos de Troia, adware e ransomware.

2. Phishing: O phishing é um tipo de ataque de engenharia social que visa enganar os utilizadores para que divulguem informações sensíveis, como nomes de utilizador, palavras-passe, detalhes de cartões de crédito e outras informações pessoais. Os ataques de phishing envolvem normalmente um e-mail, uma mensagem ou uma chamada telefónica que se faz passar por uma organização ou entidade legítima.

3. Ataques DDoS: Os ataques distribuídos de negação de serviço (DDoS) envolvem múltiplos sistemas ou dispositivos que inundam de tráfego uma rede ou um sítio Web alvo, tornando-o indisponível para os utilizadores legítimos. Os ataques DDoS são normalmente efectuados através da utilização de botnets, que são redes de dispositivos infectados.

4. Ataques do tipo "man-in-the-middle": Os ataques Man-in-the-middle (MITM) ocorrem quando um atacante intercepta e altera a comunicação entre duas partes. Os ataques MITM podem ser utilizados para roubar informações sensíveis, injetar código malicioso ou reencaminhar o tráfego para sítios Web não autorizados.

5. Ataques de injeção de SQL: Os ataques de injeção de SQL são um tipo de ciberataque que explora vulnerabilidades em aplicações Web e bases de dados. Isto permite que os atacantes obtenham acesso não autorizado a dados sensíveis ou executem comandos não autorizados.

6. Ciberespionagem: A ciberespionagem envolve o roubo de informações sensíveis ou de propriedade intelectual para obter ganhos políticos, económicos ou pessoais. A ciberespionagem pode ser levada a cabo por piratas informáticos, pessoas com informação privilegiada ou agentes de um Estado-nação.

7. Ameaças internas: As ameaças internas podem ser intencionais ou não intencionais e envolvem funcionários, contratantes ou parceiros com acesso legítimo a uma rede, sistema ou dados. As ameaças internas podem incluir roubo de dados, sabotagem ou divulgação não intencional de informações sensíveis.

8. Ameaças persistentes avançadas (APT): As APT são um tipo de ciberataque que envolve um atacante sofisticado e bem financiado que utiliza uma variedade de tácticas para obter acesso não autorizado a uma rede ou sistema alvo. As APT são normalmente executadas com a intenção de roubar dados sensíveis, perturbar as operações ou causar danos económicos ou políticos.

De um modo geral, as ciberameaças estão em constante evolução e todos os dias surgem novos vectores de ataque. Por conseguinte, manter-se atento e proactivo na avaliação, identificação e combate a estas ameaças é fundamental para atenuar os riscos de ciberataques.

2.2 ESTATÍSTICAS DA CIBERCRIMINALIDADE

A cibercriminalidade é uma preocupação crescente em todo o mundo, com milhões de pessoas afectadas todos os dias. Em 2020, havia cerca de 4,8 mil milhões de pessoas que utilizavam ativamente a Internet. Como dependemos cada vez mais da tecnologia, o número de cibercrimes está a aumentar. Nos últimos anos, as estatísticas da cibercriminalidade têm demonstrado que este tipo de crime veio para ficar.

As burlas de phishing são a forma mais comum de cibercrime e registaram um aumento acentuado nos últimos anos. Em 2020, o FBI registou 241 342 casos de crimes na Internet e o phishing foi responsável por quase um terço (31,4%) de todos os casos comunicados. Para além do phishing, os cibercriminosos utilizam ransomware, malware e tácticas de engenharia social para explorar as vulnerabilidades das pessoas.

O custo da cibercriminalidade é impressionante. De acordo com o Relatório Anual Oficial sobre Cibercrime da Cybersecurity Ventures 2019, o custo global do cibercrime deverá atingir os 6 biliões de dólares anuais até 2021. O relatório também estima que ocorre um novo ataque de ransomware a cada 14 segundos e que o custo global dos danos causados pelo ransomware deverá atingir 20 mil milhões de dólares até ao final de 2021.

O sector dos cuidados de saúde é particularmente suscetível a ciberataques. Em 2020, foram violados 19,5 milhões de registos de saúde, o que fez deste o ano mais recorde em termos de violações de dados de saúde. Estas violações custaram ao sector um valor estimado em 8,2 mil milhões de dólares.

Além disso, outros sectores que sofreram impactos financeiros significativos devido à cibercriminalidade são os sectores financeiro e bancário, do retalho e do entretenimento.

Medidas como a melhoria das infra-estruturas, a segurança da informação através da encriptação e a educação dos funcionários e do público sobre as ciberameaças podem ajudar a reduzir os riscos de cibercrime. Como a tecnologia continua a evoluir, é essencial mantermo-nos vigilantes contra estas ameaças.

2.3 EVENTOS ACTUAIS E ESTUDOS DE CASO

Eis alguns casos e eventos notáveis de ameaças cibernéticas que ocorreram recentemente:

1. Ataque de ransomware ao Colonial Pipeline: Em maio de 2021, o Colonial Pipeline, que fornece combustível ao leste dos Estados Unidos, foi atingido por um ataque de ransomware. Os atacantes conseguiram interromper as operações durante alguns dias e exigiram o pagamento de um resgate de 4,4 milhões de dólares. Este incidente realça a vulnerabilidade das infra-estruturas críticas às ciberameaças e o potencial impacto desses ataques na economia e na segurança pública.

2. Ataque à cadeia de fornecimento da SolarWinds: Em 2020, descobriu-se que a cadeia de fornecimento de software da SolarWinds, um importante fornecedor de software de gestão de TI, tinha sido comprometida por um ciberataque sofisticado. Os atacantes

conseguiram instalar uma backdoor no software, que foi utilizada para obter acesso às redes de várias organizações, incluindo agências governamentais e grandes empresas. Este ataque demonstra a crescente ameaça de ataques à cadeia de fornecimento e a necessidade de medidas de segurança mais rigorosas no ciclo de vida do desenvolvimento de software.

3. Hacks do Microsoft Exchange Server: Em março de 2021, descobriu-se que vários grupos de piratas informáticos tinham explorado vulnerabilidades no software Microsoft Exchange Server para aceder às contas de correio eletrónico de milhares de organizações em todo o mundo. Os ataques foram atribuídos a actores chineses patrocinados pelo Estado, e o governo dos EUA e os seus aliados condenaram os ataques e impuseram sanções a funcionários e organizações chinesas pelo seu papel na campanha cibernética. Este caso sublinha a necessidade de uma resposta internacional coordenada aos ciberataques patrocinados pelo Estado.

4. Desafios da cibersegurança no sector da saúde: Nos últimos anos, as organizações de saúde tornaram-se cada vez mais alvos de ciberataques, com a pandemia de COVID-19 a agravar a situação. Em abril de 2021, um ataque de ransomware perturbou as operações do sistema de saúde da Irlanda, enquanto nos EUA se registaram vários incidentes de grande visibilidade de violações de dados de saúde causadas por ataques de phishing e outras vulnerabilidades. Isto realça a necessidade de medidas de segurança reforçadas e de formação de sensibilização no sector dos cuidados de saúde, dada a sensibilidade dos dados médicos.

Estes casos e eventos demonstram a natureza evolutiva e complexa das ciberameaças e a necessidade de as organizações e os indivíduos se manterem vigilantes e investirem em medidas sólidas de cibersegurança para se protegerem contra estes riscos.

Capítulo - 3

QUADROS DE CIBERSEGURANÇA

VISÃO GERAL

As estruturas de cibersegurança são directrizes essenciais que estabelecem as melhores práticas e processos para proteger a privacidade, a integridade e a disponibilidade dos sistemas de tecnologias da informação (TI). Ajudam as organizações a alinhar as suas políticas e procedimentos de cibersegurança com um conjunto de práticas normalizadas, independentemente da sua dimensão, sector ou localização. Estas estruturas evoluíram em resposta à crescente sofisticação e frequência dos ciberataques e violações.

Existem vários quadros de cibersegurança disponíveis, desenvolvidos por várias organizações. Alguns dos mais proeminentes são brevemente analisados a seguir:

1. Quadro de Cibersegurança do NIST (CSF)

A estrutura NIST CSF desenvolvida pelo National Institute of Standards and Technology (NIST) é uma estrutura de cibersegurança amplamente reconhecida nos EUA. A estrutura define um conjunto de normas de gestão do risco, directrizes da indústria e práticas para reduzir o risco cibernético. Inclui cinco funções - Identificar, Proteger, Detetar, Responder e Recuperar - para permitir às organizações compreender, gerir e reduzir o seu risco de cibersegurança.

2. ISO/IEC 27001 e 27002

Trata-se de normas internacionais desenvolvidas pela International Organization for Standardization (ISO) e pela International Electrotechnical Commission (IEC). Estas normas definem os requisitos específicos para estabelecer, implementar, manter e melhorar continuamente um Sistema de Gestão da Segurança da Informação (SGSI). O ISMS inclui uma abordagem abrangente para a proteção de informação empresarial crítica e activos de dados, avaliação e gestão de riscos e implementação de controlos de segurança.

3. Controlos do SIA

Os controlos do CIS (Center for Internet Security) são um conjunto de 20 acções prioritárias recomendadas pelo Center for Internet Security (CIS). Os controlos foram concebidos para ajudar as organizações a proteger os seus activos digitais críticos contra ciberataques. Foram concebidos para poderem ser implementados por organizações de todas as dimensões e sectores e baseiam-se em riscos reais.

4. PCI DSS

A Norma de Segurança de Dados da Indústria de Cartões de Pagamento (PCI DSS) é um conjunto de normas de segurança desenvolvidas pelas empresas de cartões de crédito para proteger os dados dos titulares de cartões. A norma aplica-se a todas as organizações que processam, transmitem ou armazenam informações de cartões de crédito e define requisitos específicos para proteção contra violações de dados, actividades não autorizadas e outros incidentes de segurança.

5. HIPAA

A Lei de Portabilidade e Responsabilidade dos Seguros de Saúde (HIPAA) é um conjunto de regras e normas de segurança que se aplicam às organizações de cuidados de saúde que lidam com informações de saúde protegidas (PHI). A HIPAA define requisitos específicos para o tratamento de PHI, incluindo a proteção de dados sensíveis, gestão de acesso e resposta a incidentes.

Em conclusão, as estruturas de cibersegurança desempenham um papel essencial na proteção contra ameaças digitais e na garantia da segurança e confidencialidade de informações sensíveis. As organizações devem selecionar um quadro que se adeqúe às suas necessidades empresariais e implementar as suas orientações para reduzir os riscos e melhorar a postura de segurança.

3.1 INTRODUÇÃO AOS QUADROS DE CIBERSEGURANÇA

A cibersegurança é um aspeto crítico das empresas e organizações que dependem da tecnologia para executar as suas operações. Envolve a proteção de hardware, software e dados contra acesso não autorizado, roubo, danos ou perturbações. Para garantir uma cibersegurança sólida, as empresas e organizações adoptam estruturas de cibersegurança, que são conjuntos de directrizes e melhores práticas para gerir os riscos de cibersegurança.

Um quadro de cibersegurança tem por objetivo fornecer uma abordagem abrangente para a gestão dos riscos de cibersegurança, garantindo a confidencialidade, integridade e disponibilidade de dados e sistemas vitais. Engloba várias componentes, como a governação, a gestão do risco, a conformidade e a resposta a incidentes. Estas estruturas ajudam as organizações a definir uma base de referência para a cibersegurança, a avaliar a sua postura de segurança atual e a implementar medidas para a melhorar.

Os quadros de cibersegurança permitem às organizaçõcs estabelecer uma linguagem e uma abordagem comuns para gerir os riscos de cibersegurança. Fornecem uma metodologia estruturada e repetível para identificar, avaliar e mitigar os riscos de cibersegurança. A adoção de uma estrutura de cibersegurança promove uma maior colaboração e comunicação entre as unidades de negócio e as partes interessadas, resultando num programa de cibersegurança mais coeso e proactivo.

Existem muitas estruturas de cibersegurança disponíveis, incluindo ISO/IEC 27001, NIST Cybersecurity Framework, PCI DSS, COBIT e CIS Controls, entre outras. Cada estrutura varia no seu âmbito, abordagem e requisitos, mas todas partilham o objetivo comum de melhorar os resultados da cibersegurança.

Em conclusão, os quadros de cibersegurança fornecem um enquadramento para as organizações gerirem eficazmente os riscos de cibersegurança. A adoção de uma estrutura permite às empresas estabelecer uma linha de base para a cibersegurança, avaliar a sua postura de segurança atual e implementar medidas para a melhorar. As organizações devem selecionar e implementar uma estrutura de cibersegurança que corresponda às suas necessidades e objectivos específicos.

3.2 COMPARAÇÃO DE DIFERENTES QUADROS DE CIBERSEGURANÇA

Existem muitas estruturas de segurança cibernética diferentes disponíveis, cada uma com sua própria abordagem exclusiva à segurança de rede. Neste artigo, vamos comparar três das estruturas mais populares: a Estrutura de Cibersegurança do National Institute of Standards and Technology (NIST), os Controlos do Center for Internet Security (CIS) e a norma ISO 27001.

Quadro de Cibersegurança do NIST

O Quadro de Cibersegurança do NIST é um conjunto abrangente de directrizes para a gestão dos riscos de cibersegurança. Está organizado em cinco categorias principais: Identificar, Proteger, Detetar, Responder e Recuperar. Cada categoria contém subcategorias e melhores práticas associadas para ajudar as organizações a identificar e gerir os seus riscos cibernéticos.

O quadro foi concebido para ser flexível e adaptável a diferentes sectores e dimensões de organizações. Trata-se de uma diretriz voluntária, e não de uma norma juridicamente vinculativa, mas muitas agências governamentais e organizações privadas utilizam-na como referência para as suas práticas de cibersegurança.

Controlos CIS

Os Controlos do Centro de Segurança da Internet (CIS) são um conjunto de 20 passos específicos de cibersegurança que as organizações podem adotar para melhorar a sua postura de segurança. Os controlos estão organizados em três categorias: Básico, Fundamental e Organizacional. Cada controlo está associado a potenciais ciberameaças e fornece orientações específicas sobre como mitigar essas ameaças.

Os controlos CIS foram concebidos para serem aplicados por ordem de prioridade, começando pelos controlos mais básicos. Estão disponíveis em diferentes versões, consoante a dimensão e o tipo de organização que os utiliza.

ISO 27001

A ISO 27001 é uma norma internacional reconhecida mundialmente para sistemas de gestão da segurança da informação (ISMS). A norma fornece uma estrutura para estabelecer, implementar, manter e melhorar continuamente o sistema de gestão de segurança da informação de uma organização.

A ISO 27001 baseia-se no ciclo Plan-Do-Check-Act (PDCA), que exige que as organizações avaliem e melhorem continuamente a sua postura de segurança. Abrange uma vasta gama de controlos de segurança, incluindo a segurança física, a segurança dos recursos humanos e a gestão de incidentes.

Comparação

As três estruturas foram concebidas para ajudar as organizações a melhorar a sua postura de cibersegurança, mas cada uma tem os seus próprios pontos fortes e fracos.

A Estrutura de Cibersegurança do NIST é abrangente e flexível, o que a torna uma boa escolha para organizações de todas as dimensões e sectores. É também amplamente adoptada e tornou-se uma referência para as melhores práticas de cibersegurança. No entanto, é uma diretriz voluntária e não fornece orientações específicas sobre a forma de implementar os diferentes controlos.

Os controlos CIS centram-se em acções específicas que as organizações podem tomar para melhorar a sua postura de segurança. Foram concebidos para serem aplicados numa ordem de prioridades, o que pode ajudar as organizações a concentrarem-se primeiro nos riscos de segurança mais importantes. No entanto, podem não ser tão flexíveis como outras estruturas e podem não ser adequados para todos os sectores ou dimensões de organizações.

A ISO 27001 é uma norma internacionalmente reconhecida para a gestão da segurança da informação. Fornece uma estrutura abrangente para estabelecer, implementar, manter e melhorar continuamente o sistema de gestão de segurança da informação de uma organização. No entanto, a sua implementação pode ser morosa e dispendiosa e pode não ser adequada para organizações mais pequenas.

Em conclusão, as organizações devem escolher o(s) quadro(s) que melhor se adapta(m) às suas necessidades e requisitos. Uma combinação de duas ou mais estruturas também pode ser benéfica, uma vez que diferentes estruturas abordam diferentes aspectos da cibersegurança. Em última análise, o objetivo deve ser criar uma estratégia de cibersegurança abrangente que aborde todos os potenciais riscos e ameaças para a organização.

3.3 APLICAÇÃO DE UM QUADRO DE CIBERSEGURANÇA

A implementação de uma estrutura de cibersegurança é crucial para qualquer organização, a fim de a proteger de ciberameaças externas e internas. O objetivo da estrutura de cibersegurança é proteger os sistemas de TI e os activos de informação da organização para garantir a continuidade das actividades, a confidencialidade e a integridade dos dados.

Eis um guia pormenorizado para a implementação de uma estrutura de cibersegurança:

Passo 1: Efetuar uma avaliação dos riscos

O primeiro passo na implementação de uma estrutura de cibersegurança é efetuar uma avaliação do risco. O objetivo da avaliação do risco é identificar as potenciais ameaças e vulnerabilidades cibernéticas que a organização pode encontrar. A avaliação do risco inclui a avaliação da infraestrutura de TI da organização, das aplicações de software e do fluxo de dados para identificar potenciais riscos e violações de segurança.

Etapa 2: Selecionar um quadro de cibersegurança

Uma vez realizada a avaliação do risco, o passo seguinte consiste em selecionar uma estrutura de cibersegurança que esteja em conformidade com os objectivos e requisitos da organização. A estrutura de cibersegurança tem de abranger todos os objectivos relacionados com a segurança e deve estar em conformidade com os regulamentos e orientações governamentais. Algumas das estruturas de cibersegurança mais populares são a NIST, a ISO27001 e a CIS.

Etapa 3: Desenvolver uma política de segurança

O quadro de cibersegurança deve ser apoiado por uma política de segurança abrangente que defina a resposta da organização às violações da segurança e as directrizes para a formação de sensibilização para a segurança. Esta política tem de comunicar as funções e responsabilidades de todos os funcionários relativamente ao cumprimento da segurança e às consequências das infracções.

Etapa 4: Implementar controlos

Depois de desenvolver a política de segurança, o passo seguinte é implementar os controlos recomendados identificados na estrutura de cibersegurança. Estes controlos podem ir desde a implementação de firewalls, software antivírus, sistemas de deteção de intrusões e encriptação para restringir o acesso ao armazenamento de dados e aos sistemas de rede.

Etapa 5: Controlo e revisão

A organização deve monitorizar e analisar regularmente a eficácia do quadro de cibersegurança, realizando auditorias frequentes e actualizando as políticas de segurança para se manter a par das mais recentes ciberameaças e vulnerabilidades. O quadro de cibersegurança deve ser suficientemente flexível para se adaptar a alterações nas políticas, sistemas informáticos, ameaças ou directrizes regulamentares da organização.

Em resumo, a implementação de uma estrutura de cibersegurança é um processo complexo e contínuo que requer a cooperação de todos os funcionários da organização. A estrutura deve ser apoiada por uma política de segurança abrangente e implementada utilizando os controlos recomendados, sendo regularmente monitorizada e revista para garantir a melhoria contínua e a conformidade com as normas regulamentares.

Capítulo - 4

GARANTIA DA INFORMAÇÃO

VISÃO GERAL

A garantia da informação (AI) refere-se à prática de proteger os dados e os sistemas de informação de uma organização contra o acesso, a utilização, a divulgação, a perturbação, a modificação ou a destruição não autorizados. Com a crescente dependência da tecnologia e da Internet para realizar negócios, a necessidade de medidas eficazes de AI tornou-se mais crítica do que nunca.

A AI é uma abordagem abrangente que envolve a aplicação de vários controlos de segurança, tecnologias, políticas e procedimentos destinados a salvaguardar os activos de informação de uma organização e a garantir a sua confidencialidade, integridade e disponibilidade. Isto inclui não só a proteção dos dados armazenados nas redes e sistemas da organização, mas também a proteção da infraestrutura física que os suporta.

Um dos principais objectivos da AI é identificar e avaliar possíveis riscos e vulnerabilidades de segurança para os sistemas e dados de informação de uma organização. Normalmente, isto é feito através de avaliações de risco que avaliam a eficácia dos controlos de segurança existentes e identificam as áreas que precisam de ser melhoradas. Os resultados destas avaliações são depois utilizados para desenvolver e implementar estratégias e controlos de gestão de riscos, tais como firewalls, sistemas de deteção de intrusões, controlos de acesso e tecnologias de encriptação.

Outro componente crítico da AI é a resposta e gestão de incidentes, que envolve os processos e procedimentos para identificar, conter e mitigar quaisquer incidentes ou violações de segurança que ocorram. Isto inclui o estabelecimento de planos e protocolos de resposta a incidentes, a formação dos funcionários sobre como responder a incidentes de segurança e a realização de simulacros e exercícios regulares para testar a eficácia desses planos e protocolos.

De um modo geral, a garantia da informação é essencial para proteger os valiosos activos de informação de uma organização e assegurar a continuidade do negócio. À medida que as ciberameaças continuam a evoluir e a tornar-se mais sofisticadas, a AI também tem de evoluir para se manter eficaz na mitigação destes riscos e na proteção da informação crítica.

4.1 O QUE É A GARANTIA DA INFORMAÇÃO?

A garantia da informação, também conhecida por AI, refere-se ao processo de proteção e garantia da confidencialidade, integridade, disponibilidade e autenticidade da informação e de outros activos informáticos numa organização. Envolve medidas e práticas que salvaguardam e protegem a informação digital e não digital contra o acesso, utilização, divulgação, modificação, destruição ou perturbação não autorizados.

O conceito de garantia da informação abrange uma vasta gama de actividades de segurança, incluindo a gestão de riscos, o desenvolvimento de políticas de segurança, a gestão da conformidade, as auditorias e avaliações de segurança, a análise de ameaças, a resposta a incidentes e a recuperação de desastres. Os profissionais da garantia da informação utilizam várias técnicas e tecnologias para salvaguardar a informação, tais como controlos de acesso, encriptação, firewalls, sistemas de deteção de intrusões e software antivírus.

A importância da garantia da informação não pode ser subestimada na atual era digital, em que os dados sensíveis são criados, armazenados, processados e partilhados em várias redes e dispositivos. A perda ou o comprometimento de dados pode ter consequências significativas para empresas e indivíduos, como perdas financeiras, responsabilidades legais, danos à reputação e perda de informações sensíveis. Por conseguinte, as organizações devem adotar e aplicar políticas e procedimentos adequados de garantia da informação para proteger os seus activos contra ciberameaças e assegurar a confidencialidade e integridade da informação.

Em resumo, a garantia da informação é uma abordagem abrangente para proteger a confidencialidade, a integridade, a disponibilidade e a autenticidade das informações e dos sistemas de informação numa organização. Envolve uma vasta gama de medidas e práticas de segurança que ajudam as organizações a proteger os seus dados contra ciberameaças, a cumprir os requisitos regulamentares e a garantir que as suas operações decorrem sem problemas.

4.2 AVALIAÇÃO E GESTÃO DOS RISCOS

A avaliação e gestão do risco é um processo sistemático e contínuo levado a cabo pelas organizações para identificar, avaliar e controlar os riscos que podem afetar as suas operações, reputação e recursos financeiros. O objetivo do processo de avaliação e gestão do risco é assegurar que as organizações operam num ambiente seguro e protegido, cumprem os requisitos legais e regulamentares e atingem os seus objectivos empresariais.

O processo de avaliação e gestão de riscos envolve várias etapas:

Etapa 1: Identificação do risco

O primeiro passo na avaliação e gestão do risco é identificar os riscos enfrentados por uma organização. Isto pode ser feito através de vários métodos, como a revisão de dados históricos, a realização de avaliações de risco, a entrevista de partes interessadas e a análise de dados em tempo real. O processo de identificação deve incluir todos os riscos potenciais que possam afetar a organização.

Etapa 2: Análise de risco

O passo seguinte é analisar os riscos identificados para determinar a sua probabilidade e potencial impacto na organização. Isto envolve a recolha de dados e informações sobre os riscos, incluindo a sua frequência, potenciais resultados e gravidade. A análise de riscos fornece informações sobre a natureza dos riscos que uma organização enfrenta, permitindo que ela se concentre nos riscos que têm o maior impacto e probabilidade.

Etapa 3: Avaliação dos riscos

Nesta etapa, as organizações avaliam os riscos para determinar se são aceitáveis ou se requerem gestão adicional. Isto envolve a avaliação da probabilidade e do potencial impacto dos riscos em relação a critérios estabelecidos, tais como requisitos legais ou regulamentares, objectivos organizacionais e tolerância ao risco. Se os riscos excederem os níveis aceitáveis, eles exigem um gerenciamento adicional.

Etapa 4: Tratamento do risco

O quarto passo na avaliação e gestão de riscos é determinar e implementar tratamentos de risco adequados. Este pode incluir transferir, evitar, reduzir ou aceitar riscos. Os planos de tratamento dos riscos devem ser desenvolvidos e comunicados aos intervenientes relevantes e devem ser implementados controlos de risco para monitorizar e gerir os riscos ao longo do tempo.

Etapa 5: Monitorização e análise dos riscos

Por último, o processo de avaliação e gestão dos riscos deve ser um ciclo contínuo de controlo e revisão. O acompanhamento regular dos riscos garante que quaisquer novos riscos ou alterações aos riscos existentes possam ser rapidamente identificados e geridos. A revisão regular da abordagem de gestão de riscos garante que a estratégia e os controlos permanecem relevantes e eficazes.

A avaliação e a gestão eficazes dos riscos são essenciais para que as organizações minimizem as perdas, atinjam os seus objectivos e melhorem as suas operações. O processo deve envolver todas as partes interessadas para garantir que todos os riscos são identificados, avaliados e geridos de forma adequada. A avaliação e gestão de riscos deve ser um processo contínuo, continuamente atualizado para garantir que os riscos são geridos à medida que mudam ao longo do tempo. Ao implementar as etapas da avaliação e gestão de riscos, as organizações podem garantir que operam num ambiente seguro, protegido e resiliente.

4.3 MONITORIZAÇÃO ACTIVA E RESPOSTA A INCIDENTES

A Monitorização Ativa e a Resposta a Incidentes são dois componentes críticos da cibersegurança. As organizações que levam a sério a cibersegurança e a segurança dos dados devem ter uma estrutura sólida de monitorização ativa e resposta a incidentes para proteger os seus dados e infra-estruturas de potenciais ataques ou ameaças. Neste artigo, discutiremos o que são a monitorização ativa e a resposta a incidentes, os benefícios e a forma como podem melhorar a cibersegurança das organizações.

Monitorização ativa:

A monitorização ativa é o processo de supervisão e análise sistemática de sistemas informáticos, redes e aplicações para identificar potenciais ameaças ou anomalias de segurança. A monitorização ativa ajuda a detetar quaisquer incidentes ou ataques de segurança nas suas fases iniciais, reduzindo assim o impacto desses incidentes. A monitorização ativa não é um evento único; é um processo contínuo de recolha de dados, análise e armazenamento dos mesmos e, em seguida, utilização dos mesmos para identificar potenciais ameaças ou violações.

Resposta a incidentes:

A resposta a incidentes é um processo de identificação, resposta e atenuação de potenciais incidentes de segurança ou violações de dados. A resposta a incidentes descreve os passos ou procedimentos necessários a adotar no caso de ocorrer um incidente de segurança ou uma violação de dados. A resposta a incidentes é uma abordagem coordenada que ajuda a reduzir os danos, minimizar o tempo de inatividade e manter a confiança dos clientes.

Benefícios da Monitorização Ativa e da Resposta a Incidentes:

1. Deteção precoce: A monitorização ativa ajuda a detetar potenciais riscos e anomalias de segurança numa fase inicial, permitindo que as organizações tomem as medidas necessárias para evitar uma violação da segurança.

2. Resposta rápida: A resposta a incidentes ajuda as organizações a responder prontamente a incidentes e violações de segurança, o que pode limitar os danos e minimizar o tempo de inatividade.

3. Conformidade: A monitorização ativa e a resposta a incidentes são essenciais para as organizações que precisam de cumprir os regulamentos de cibersegurança, como o Regulamento Geral de Proteção de Dados (RGPD) ou a Lei de Privacidade do Consumidor da Califórnia (CCPA).

4. Melhoria da segurança: Um programa robusto de monitorização ativa e de resposta a incidentes ajuda as organizações a melhorar a sua postura geral de cibersegurança e a reduzir o risco de violações de dados.

Como é que as organizações podem melhorar a sua Monitorização ativa e Resposta a incidentes?

1. Desenvolver um Plano de Resposta a Incidentes: Desenvolver um plano de resposta a incidentes que descreva as medidas necessárias a tomar em caso de incidente de segurança ou violação de dados.

2. Monitorizar continuamente: Utilizar ferramentas de monitorização ativa para monitorizar continuamente sistemas, redes e aplicações.

3. Formar os funcionários: Formar os funcionários sobre as melhores práticas de cibersegurança e procedimentos de resposta a incidentes.

4. Automatizar processos: Automatize processos críticos, como backup e recuperação de dados, para reduzir o tempo necessário para se recuperar de um incidente de segurança.

A monitorização ativa e a resposta a incidentes são componentes essenciais da cibersegurança. Sem um programa robusto de monitorização ativa e resposta a incidentes, as organizações correm o risco de violações de dados e outros incidentes de segurança. Desenvolver um plano de resposta a incidentes, monitorizar continuamente sistemas e redes, formar funcionários e automatizar processos críticos são apenas algumas das formas como as organizações podem melhorar as suas capacidades de monitorização ativa e resposta a incidentes.

Capítulo - 5

TÉCNICAS AVANÇADAS DE CIBERSEGURANÇA

VISÃO GERAL

As técnicas avançadas de cibersegurança são uma combinação de métodos e tecnologias que previnem, detectam e respondem a ciberataques e ameaças. Incluem inteligência avançada contra ameaças, firewalls avançadas, sistema de deteção de intrusões (IDS), testes de penetração, gestão de informações e eventos de segurança (SIEM), prevenção de perda de dados (DLP) e encriptação avançada. Estas técnicas criam uma defesa de cibersegurança multicamada que ajuda as organizações a proteger as suas informações sensíveis e activos críticos contra os cibercriminosos.

As soluções avançadas de inteligência contra ameaças utilizam a aprendizagem automática, a inteligência artificial e a análise de grandes volumes de dados para analisar e identificar ameaças rapidamente. Estas soluções ajudam a identificar potenciais ameaças, vulnerabilidades e riscos de segurança e fornecem uma atualização contínua dos mais recentes tipos de malware, vectores de ataque e outras actividades maliciosas.

As firewalls avançadas podem fornecer inspeção profunda de pacotes, controlo de aplicações e filtragem de URL para impedir o acesso não autorizado aos recursos da rede. Os IDS monitorizam o tráfego de rede e os registos de eventos para detetar actividades suspeitas. As soluções SIEM fornecem uma visão abrangente da postura de segurança de uma organização, recolhendo dados de segurança de vários sistemas. As soluções DLP ajudam a proteger os dados sensíveis da exfiltração, bloqueando o acesso não autorizado, detectando dados sensíveis que saem da rede e encriptando ou bloqueando automaticamente os dados quando necessário.

Os testes de penetração envolvem a simulação de um ataque ao ambiente de uma organização para identificar vulnerabilidades e pontos fracos antes que os cibercriminosos o façam. As organizações podem utilizar os resultados dos testes de penetração para melhorar a sua postura de segurança, atualizar as políticas de segurança e implementar os controlos de segurança necessários.

As soluções de encriptação avançada oferecem encriptação de ponta a ponta, comunicação segura por correio eletrónico e proteção de dados em movimento e em repouso. Utilizam algoritmos de encriptação avançados que dificultam a desencriptação dos dados pelos piratas informáticos, mesmo que estes os interceptem.

Em conclusão, as técnicas avançadas de cibersegurança melhoram a postura de segurança de uma organização, fornecendo uma defesa multi-camadas contra os cibercriminosos. A combinação destas técnicas garante que os dados sensíveis são protegidos e que as operações comerciais prosseguem sem interrupções.

5.1 CRIPTOGRAFIA

A criptografia é a prática de proteger a informação convertendo-a num código ou cifra. Envolve a utilização de algoritmos matemáticos para converter dados legíveis numa forma que é ilegível sem a utilização de uma chave ou palavra-passe especial. A criptografia tem sido utilizada há séculos para proteger informações sensíveis, como segredos militares, transacções financeiras e comunicações pessoais.

O principal objetivo da criptografia é a confidencialidade, que se refere à capacidade de manter as mensagens em segredo de utilizadores não autorizados. Isto é conseguido através da utilização de técnicas de encriptação que codificam a mensagem original num formato ininteligível para qualquer pessoa que não tenha a chave para a descodificar. A complexidade do algoritmo de encriptação e o comprimento da chave utilizada determinam o nível de segurança proporcionado pela técnica de criptografia.

Outro objetivo importante da criptografia é a integridade, que se refere à capacidade de detetar quando uma mensagem foi adulterada ou alterada. Isto é normalmente conseguido através da adição de uma assinatura digital à mensagem encriptada, que pode ser utilizada para verificar a autenticidade do remetente e do conteúdo da mensagem. As técnicas de criptografia que fornecem integridade também impedem que os atacantes alterem uma mensagem sem serem detectados, fornecendo uma camada adicional de proteção.

A criptografia é utilizada em várias aplicações, como a comunicação segura, a privacidade dos dados e as assinaturas digitais. É utilizada em serviços bancários pela Internet, comércio eletrónico, correio eletrónico e muitas outras aplicações em linha para proteger informações sensíveis de piratas informáticos e outros utilizadores mal-intencionados. A criptografia também desempenha um papel crucial na autenticação segura, que é o processo de identificação de um utilizador e de estabelecimento de confiança entre o utilizador e o sistema.

Em resumo, a criptografia é uma prática essencial para garantir a privacidade e a segurança de informações sensíveis. Utiliza algoritmos matemáticos para codificar dados num formato ilegível, assegurando que apenas as partes autorizadas podem aceder e compreender os dados. As técnicas de criptografia fornecem confidencialidade, integridade e autenticidade, tornando-a parte integrante das práticas de segurança modernas.

5.2 INFORMAÇÃO CIBERNÉTICA

A ciberinteligência é a prática de recolha, análise e divulgação de informações sobre ciberameaças e vulnerabilidades. Envolve a utilização de tecnologia, como as redes informáticas e a Internet, para identificar e analisar riscos e potenciais ameaças aos sistemas de informação, redes e dados.

A ciberinteligência ajuda as organizações e os indivíduos a avaliar os riscos e as vulnerabilidades associados às suas infra-estruturas informáticas e a tomar as medidas adequadas para se protegerem contra potenciais ataques. Ajuda também os organismos responsáveis pela aplicação da lei e os governos a identificar e localizar os cibercriminosos e outros agentes maliciosos envolvidos em ciberataques e actividades de ciberespionagem.

O principal objetivo da ciberinteligência é fornecer informações proactivas a todos os tipos de organizações para prevenir ciberataques e proteger os seus activos digitais. As principais áreas de incidência da ciberinteligência são

1. Informação sobre ameaças: É o processo de recolha e análise de informações sobre potenciais ciberameaças e vulnerabilidades. Inclui actividades como a recolha de informações de fontes abertas, a análise de amostras de malware, a monitorização de fóruns de hackers e a investigação de ciberataques. A informação sobre ameaças ajuda as organizações a manterem-se à frente dos cibercriminosos, identificando novas ameaças antes de estas poderem causar danos.

2. Investigação da cibercriminalidade: A ciberinformação pode ser utilizada para investigar cibercrimes e localizar cibercriminosos. Isto envolve técnicas como a análise forense digital, que consiste na recolha e análise de provas digitais para identificar a origem de um ciberataque.

3. Gestão de riscos: A ciber-informação ajuda as organizações a identificar e a dar prioridade aos riscos para a sua infraestrutura de TI e a tomar as medidas adequadas para gerir esses riscos. Isto inclui actividades como a avaliação de riscos, a análise de vulnerabilidades e os testes de penetração.

4. Resposta a incidentes: A ciberinteligência também ajuda as organizações a responder a incidentes de segurança e violações de dados de forma rápida e eficaz. Isto inclui actividades como o planeamento da resposta a incidentes, a investigação de incidentes e a contenção.

De um modo geral, a ciberinteligência é uma componente crítica das operações de segurança actuais. Com a crescente sofisticação e frequência dos ciberataques, a ciberinteligência é essencial para ajudar as organizações a protegerem-se contra potenciais ameaças e a salvaguardarem os seus activos digitais.

5.3 INTELIGÊNCIA ARTIFICIAL E APRENDIZAGEM AUTOMÁTICA NA CIBERSEGURANÇA

A Inteligência Artificial (IA) e a Aprendizagem Automática (AM) são tecnologias que revolucionaram o sector da cibersegurança e tornaram possível detetar e prevenir as ciberameaças de forma mais eficiente e eficaz. A IA envolve o desenvolvimento de algoritmos inteligentes que podem imitar os processos de pensamento humano e ajudar as máquinas a aprender com a experiência. A aprendizagem automática é um subcampo da IA que se centra no desenvolvimento de algoritmos que podem aprender com os dados, fazer previsões e ajustar o seu comportamento em resposta a alterações no ambiente.

Na cibersegurança, as tecnologias de IA e ML podem ser utilizadas para analisar e processar grandes quantidades de dados de várias fontes em tempo real, permitindo a identificação de potenciais ciberataques e a deteção de anomalias no tráfego de rede. A IA e o ML podem também ajudar a automatizar as tarefas de segurança e a melhorar os tempos de resposta a incidentes, alertando rapidamente as equipas de segurança para potenciais ameaças.

Uma das principais aplicações da IA e do ML na cibersegurança é o desenvolvimento de soluções de segurança capazes de se adaptar à evolução das ciberameaças. Estas soluções utilizam algoritmos que podem aprender e ajustar-se à evolução das ameaças para proporcionar uma melhor proteção contra as ameaças emergentes. Além disso, a IA e o ML podem ser utilizados para identificar padrões e tendências que são indicativos de um potencial ataque, fornecendo às equipas de segurança informações accionáveis para as ajudar a responder de forma mais eficaz.

Outra aplicação importante da IA e do ML na cibersegurança é o desenvolvimento de modelos preditivos. Estes modelos podem ser treinados para analisar dados de várias fontes para identificar e prever potenciais ameaças à segurança. Ao analisar dados como padrões de tráfego de rede, comportamentos de utilizadores e registos de sistemas, os modelos preditivos podem identificar potenciais riscos de segurança antes de estes se tornarem incidentes reais.

Há também vários desafios que devem ser enfrentados quando se utilizam tecnologias de IA e ML na cibersegurança. Um dos maiores desafios é garantir a segurança e a integridade dos dados utilizados para treinar estes algoritmos. A utilização de dados enviesados pode conduzir a resultados enviesados e afetar a eficácia das soluções de segurança. Além disso, existe o risco de falsos positivos e falsos negativos na deteção de ciberameaças com recurso à IA e ao ML, o que pode resultar em alertas desnecessários ou ameaças não detectadas.

Em conclusão, as tecnologias de IA e ML têm o potencial de transformar o sector da cibersegurança, proporcionando uma deteção e prevenção mais rápidas e precisas das ciberameaças. No entanto, é necessário ter o devido cuidado ao desenvolver e utilizar estas tecnologias para garantir a sua eficácia e integridade. Com o desenvolvimento contínuo e os avanços nas tecnologias de IA e ML, os profissionais de cibersegurança podem defender-se melhor contra o cenário em constante evolução das ciberameaças.

Capítulo - 6

A CIBERSEGURANÇA NA PRÁTICA

VISÃO GERAL

Na prática, a cibersegurança refere-se à aplicação de várias medidas e estratégias destinadas a proteger os sistemas electrónicos e digitais contra o acesso não autorizado, a manipulação e o roubo. Engloba todas as actividades, ferramentas, tecnologias e melhores práticas que as organizações e os indivíduos utilizam para proteger os seus activos digitais contra ciberameaças, como vírus, malware, ransomware, hacking e ataques de phishing.

O principal objetivo da cibersegurança na prática é garantir a confidencialidade, integridade e disponibilidade dos activos digitais, incluindo dados, redes, sistemas e aplicações. Isto implica a utilização de vários controlos de segurança, como encriptação, autenticação, controlo de acesso, firewalls, sistemas de deteção de intrusões e soluções de gestão de informações e eventos de segurança (SIEM).

Na prática, uma cibersegurança eficaz exige uma abordagem abrangente e proactiva que envolva a identificação e avaliação de potenciais ameaças e vulnerabilidades, a implementação de controlos de segurança adequados, a monitorização e análise de eventos e incidentes de segurança e a melhoria contínua dos processos e tecnologias de segurança.

As organizações e os indivíduos podem melhorar a sua cibersegurança na prática, investindo na formação dos funcionários, em auditorias e avaliações de segurança regulares, na implementação de palavras-passe complexas, na autenticação de dois factores, na encriptação de dados sensíveis, na implementação de protecções de firewall, na atualização de software e sistemas operativos, na limitação do controlo de acesso, na realização de cópias de segurança regulares e na criação de parcerias com especialistas de confiança em cibersegurança.

Na prática, a cibersegurança é crucial para proteger as informações sensíveis e os activos digitais, uma vez que as ciberameaças continuam a evoluir, tornando-se cada vez mais sofisticadas e complexas. Como tal, as organizações e os indivíduos devem manter-se vigilantes nos seus esforços para proteger os activos digitais e garantir que estes são constantemente actualizados e reforçados para responder aos desafios de segurança em evolução colocados pelos cibercriminosos.

6.1 PROTECÇÃO DE REDES E SISTEMAS EMPRESARIAIS

O conceito de segurança das redes empresariais envolve a implementação de várias medidas e estratégias para proteger as informações confidenciais e os dados sensíveis de uma organização contra ameaças e ataques cibernéticos. A cibersegurança é crucial para garantir que as operações comerciais da organização não são interrompidas e que as informações dos clientes são mantidas em segurança.

Na prática, a cibersegurança tem várias componentes essenciais. Estes incluem:

1. Segurança da rede: Trata-se de proteger a rede da empresa através de firewalls, deteção e prevenção de intrusões e segmentação da rede. A segurança da rede garante que o acesso não autorizado à rede é impedido e que os dados são transmitidos e recebidos de forma segura.

2. Segurança dos pontos terminais: A segurança dos pontos terminais centra-se na proteção de dispositivos individuais, como computadores portáteis, computadores de secretária e dispositivos móveis. Requer a instalação de software antivírus e antimalware para proteger os dispositivos contra ameaças e ataques.

3. Gestão da identidade e do acesso: A gestão da identidade e do acesso envolve o controlo do acesso à rede e a aplicações específicas. Ajuda a garantir que apenas o pessoal autorizado tem acesso a informações sensíveis e que as políticas de segurança são aplicadas.

4. Prevenção da perda de dados: A prevenção da perda de dados envolve a monitorização e o controlo de dados sensíveis à medida que estes se deslocam dentro e fora da rede da empresa. Isto ajuda a evitar violações de dados e protege contra a perda de informações confidenciais.

5. Plano de resposta a incidentes: Um plano de resposta a incidentes é essencial para garantir que a organização está preparada para responder a um ataque cibernético. Este plano descreve as

medidas a tomar em caso de ataque e ajuda a minimizar os danos e a restabelecer as operações.

Em resumo, a proteção das redes empresariais exige uma abordagem multifacetada que envolve a implementação de uma série de medidas de segurança. A cibersegurança deve ser levada a sério na prática, e as organizações devem estar preparadas para responder eficazmente a quaisquer incidentes cibernéticos que possam ocorrer.

6.2 PROTECÇÃO DE DISPOSITIVOS E DADOS PESSOAIS

O conceito de proteção do desenvolvimento pessoal e dos dados em matéria de cibersegurança refere-se às práticas e medidas tomadas para proteger as informações pessoais e o crescimento profissional de uma pessoa contra ciberameaças como a pirataria informática, a violação de dados e outros ataques à cibersegurança.

Em termos práticos, isto implica a utilização de várias estratégias para proteger o desenvolvimento pessoal e os dados das ciberameaças, incluindo a utilização de palavras-passe fortes, a atualização regular de software e aplicações, a implementação de proteção por firewall e a utilização de software antivírus. Além disso, as pessoas podem evitar clicar em ligações suspeitas, evitar partilhar informações pessoais sensíveis em linha e fazer negócios apenas com sítios Web de boa reputação.

O desenvolvimento e os dados pessoais são essenciais e podem incluir dados educativos, dados financeiros ou de crédito, informações médicas, informações de identificação pessoal e dados de perfil profissional. Por conseguinte, a salvaguarda do desenvolvimento e dos dados pessoais exige que tanto os indivíduos como as organizações estabeleçam directrizes, normas de segurança e políticas específicas para o tratamento, encriptação e segurança dos dados pessoais, formação abrangente em matéria de privacidade e segurança dos dados e monitorização e proteção contínuas dos dados.

Recomenda-se uma abordagem holística para garantir a segurança dos vários níveis de um processo de partilha de dados pessoais. O primeiro nível é a segurança do hardware, software e rede do utilizador; o segundo nível inclui a utilização de protocolos Web seguros, correio eletrónico seguro e mensagens instantâneas seguras. O terceiro nível envolve a proteção de dados através de tecnologias de encriptação.

Em conclusão, a proteção do desenvolvimento pessoal e dos dados em matéria de cibersegurança é uma prática crucial para os indivíduos e as organizações. Ao garantir a existência de directrizes, normas, políticas e protocolos de segurança adequados, os indivíduos e as organizações podem salvaguardar corretamente o desenvolvimento pessoal e os dados das ciberameaças. É essencial manter sempre práticas de cibersegurança para diminuir o risco de ciberataques que possam prejudicar a reputação dos indivíduos ou das empresas.

6.3 TENDÊNCIAS E PREVISÕES EM MATÉRIA DE CIBERSEGURANÇA

A cibersegurança está em constante evolução, com novas ameaças a surgirem todos os dias. À medida que a tecnologia avança, também avança a necessidade de melhores medidas de segurança para proteção contra ataques informáticos. Para se manter à frente destas ameaças, é importante acompanhar as tendências e previsões no domínio da cibersegurança.

Uma das principais tendências em matéria de cibersegurança é a utilização da inteligência artificial e da aprendizagem automática para detetar e prevenir ciberataques. Estas tecnologias podem ser utilizadas para identificar e bloquear comportamentos maliciosos antes que estes tenham hipótese de causar danos ou roubar dados. Outra tendência é a utilização crescente da computação e do armazenamento em nuvem, o que exige novas medidas de segurança para proteção contra violações de dados e acesso não autorizado.

Para além destas tendências técnicas, há também mudanças na forma como as organizações abordam a cibersegurança. Muitas estão agora a reconhecer a importância de uma forte cultura de segurança dentro da empresa e estão a implementar políticas e programas de formação para educar os funcionários sobre as melhores práticas de proteção de dados sensíveis. Há também uma ênfase crescente na colaboração entre diferentes organizações e agências governamentais para partilhar informações e recursos na luta contra o cibercrime.

Olhando para o futuro, os especialistas prevêem que as ameaças à cibersegurança continuarão a aumentar em frequência e sofisticação. A Internet das Coisas (IoT) abriu novos caminhos para os ciberataques, uma vez que há mais dispositivos ligados à Internet e vulneráveis à pirataria informática. É também provável que venhamos a assistir a ataques mais direccionados a indústrias ou organizações específicas, uma vez que os cibercriminosos procuram explorar os pontos fracos de sectores específicos.

Para se manterem à frente destas ameaças, as organizações devem manter-se vigilantes e adaptar-se às novas medidas de segurança à medida que estas vão surgindo. Isto significa investir nas mais recentes tecnologias e ferramentas para detetar e prevenir ciberataques, mas também desenvolver uma forte cultura de segurança e promover a colaboração com outras organizações e agências governamentais. Só se nos mantivermos proactivos e adaptáveis é que podemos esperar estar um passo à frente da ameaça em constante evolução do cibercrime.

Capítulo - 7

ESTUDOS DE CASO

VISÃO GERAL

Estudo de caso 1: Violação de dados da Target (2013)

A violação de dados da Target foi um dos maiores e mais notórios ataques informáticos da história moderna. No final de 2013, piratas informáticos infiltraram-se nos sistemas informáticos da Target e roubaram as informações pessoais e financeiras de 110 milhões de clientes. O ataque foi uma chamada de atenção para muitas empresas e estimulou um maior investimento em medidas de cibersegurança.

Estudo de caso 2: Ataque de ransomware WannaCry (2017)

O ataque de ransomware WannaCry afectou centenas de milhares de computadores em mais de 150 países em maio de 2017. O software malicioso encriptou os ficheiros dos utilizadores e exigiu o pagamento em troca da chave de desencriptação. O ataque afectou grandes organizações, como o Serviço Nacional de Saúde do Reino Unido, causando perturbações generalizadas e centenas de milhões de dólares em prejuízos.

Estudo de caso 3: Violação de dados da Equifax (2017)

Em setembro de 2017, a agência de informação de crédito ao consumidor Equifax anunciou que os seus sistemas tinham sido violados, comprometendo a informação pessoal e financeira de aproximadamente 143 milhões de americanos. A violação foi causada por uma vulnerabilidade na rede da Equifax, que permaneceu sem correção apesar de um aviso do Departamento de Segurança Interna dos EUA.

Estudo de caso 4: Operação Aurora (2009-2010)

A Operação Aurora foi uma série de ciberataques que visaram grandes empresas como a Google, a Adobe e a Juniper Networks. Os ataques começaram em 2009 e continuaram durante mais de um ano, com os piratas informáticos a roubarem código fonte e informações sensíveis. A operação foi considerada patrocinada pelo Estado e causou danos significativos às empresas afectadas.

Estudo de caso 5: worm Stuxnet (2010)

O worm Stuxnet foi uma peça sofisticada de malware que visou as instalações nucleares do Irão e que terá sido criada pelos governos dos EUA e de Israel. O worm foi capaz de se infiltrar e manipular os sistemas de controlo industrial das instalações, causando danos físicos às centrifugadoras utilizadas no enriquecimento de urânio. O ataque demonstrou o potencial dos ciberataques para causar destruição física e sublinhou a necessidade de melhorar as medidas de segurança nas infra-estruturas críticas.

7.1 VIOLAÇÃO DE DADOS DO ALVO

A violação de dados da Target refere-se a um ataque informático maciço ocorrido no final de 2013, que resultou no roubo de informações pessoais e financeiras sensíveis de milhões de clientes da Target. A violação é considerada uma das maiores da história e serviu de alerta para retalhistas, instituições financeiras e consumidores sobre a necessidade de medidas de segurança de dados mais rigorosas.

A violação de dados da Target foi descoberta pela primeira vez em 15 de dezembro de 2013. A empresa declarou inicialmente que cerca de 40 milhões de registos de cartões de crédito e débito tinham sido comprometidos. No entanto, mais tarde foi revelado que também tinham sido roubadas informações pessoais, como nomes, moradas, números de telefone e endereços de correio eletrónico de outros 70 milhões de clientes.

Os atacantes obtiveram acesso aos sistemas de ponto de venda (POS) da Target, que são utilizados para processar as transacções na caixa. Instalaram malware em vários terminais POS da Target, o que lhes permitiu capturar os dados dos cartões de pagamento dos clientes - incluindo nomes, números de cartões, datas de validade e códigos CVV - à medida que iam sendo passados. Os atacantes também conseguiram roubar informações pessoais da base de dados de clientes da empresa.

A violação de dados da Target foi um rude golpe para a empresa, que registou uma queda significativa nas vendas na sequência do ataque. A violação também teve amplas implicações para o sector retalhista em geral, salientando os riscos colocados pelos cibercriminosos e a necessidade de medidas de segurança fortes.

Na sequência do ataque, a Target foi fortemente criticada por, alegadamente, não ter tomado as medidas adequadas para proteger os dados dos clientes. Em particular, foi criticada por não ter segmentado corretamente a sua rede, o que facilitou a movimentação lateral dos atacantes através dos sistemas da Target e o acesso a dados sensíveis.

Na sequência da violação de dados da Target, a empresa tomou uma série de medidas para reforçar as suas medidas de segurança, incluindo a contratação de um diretor de segurança da informação, a implementação de controlos de acesso e monitorização mais rigorosos e a transição para sistemas de POS mais seguros. A Target também fez um esforço significativo para recuperar a confiança dos clientes, oferecendo serviços gratuitos de monitorização de crédito e de proteção contra roubo de identidade às pessoas afectadas.

De um modo geral, a violação de dados da Target foi um acontecimento marcante que serviu para recordar a necessidade de medidas sólidas de segurança dos dados em todos os sectores. A violação destacou os riscos colocados pelos cibercriminosos e sublinhou a necessidade de as empresas tomarem medidas proactivas para proteger os dados dos clientes e atenuar o impacto de quaisquer ataques futuros.

7.2 ATAQUE DE RANSOMWARE WANNACRY

O ataque de ransomware WannaCry foi um ciberataque em grande escala que ocorreu em maio de 2017. O vírus infectou computadores com o sistema operativo Microsoft Windows, encriptando os ficheiros no computador e exigindo o pagamento de um resgate em troca da chave de desencriptação.

O ataque começou em 12 de maio de 2017 e causou danos generalizados em todo o mundo. O vírus WannaCry espalhou-se rapidamente e infetou mais de 230 000 computadores em mais de 150 países, incluindo os Estados Unidos, a Rússia, a China e o Reino Unido.

O ransomware foi distribuído através de um worm que explorou uma vulnerabilidade no sistema operativo Windows, permitindo que o vírus se espalhasse rapidamente pelas redes e infectasse vários computadores. O worm foi desenvolvido pelos Shadow Brokers, um grupo que tinha roubado ferramentas de pirataria informática da National Security Agency (NSA) alguns meses antes.

Quando o vírus infectava um computador, encriptava os ficheiros no disco rígido e exibia uma nota de resgate exigindo o pagamento sob a forma de Bitcoin. O montante do resgate variava entre 300 e 600 dólares e quem não pagasse o resgate dentro de um determinado período de tempo era ameaçado com a eliminação permanente dos seus ficheiros.

O ataque WannaCry provocou o pânico e o caos em todo o mundo, perturbando infra-estruturas críticas, como hospitais e bancos, e causando perdas financeiras. No Reino Unido, o Serviço Nacional de Saúde (NHS) foi gravemente afetado e muitos hospitais e clínicas tiveram de encerrar os seus sistemas para evitar a propagação do vírus.

O ataque WannaCry acabou por ser travado, graças à colaboração de investigadores de segurança e de agências de aplicação da lei, que conseguiram identificar o domínio kill switch que impediu a propagação do vírus.

O ataque de ransomware WannaCry realçou a importância de medidas sólidas de cibersegurança, incluindo a correção de vulnerabilidades, a utilização de software antivírus atualizado e a criação regular de cópias de segurança de dados críticos. Foi também uma chamada de atenção para que os governos e as organizações levem a cibersegurança a sério e invistam em infra-estruturas e pessoal de cibersegurança.

Em conclusão, o ataque de ransomware WannaCry foi um ciberataque significativo que causou danos generalizados em todo o mundo e expôs as vulnerabilidades das infra-estruturas críticas. O ataque realçou a necessidade de medidas de cibersegurança mais fortes e de investimentos em infra-estruturas e pessoal de cibersegurança.

7.3 VIOLAÇÃO DE DADOS DA EQUIFAX

Em 2017, a Equifax, uma das principais agências de informação de crédito dos Estados Unidos, sofreu uma violação maciça de dados que expôs informações pessoais de milhões de pessoas. A violação ocorreu entre meados de maio e julho desse ano, mas só foi descoberta no final de julho. Eis um relato pormenorizado do incidente da violação de dados Equifax.

O que é que aconteceu?

Em 7 de setembro de 2017, a Equifax anunciou que os piratas informáticos tinham obtido acesso não autorizado aos dados pessoais de aproximadamente 143 milhões de americanos. Os dados violados incluíam nomes, números da Segurança Social, datas de nascimento, moradas, números de cartões de crédito e outras informações sensíveis que estavam armazenadas nas bases de dados da Equifax.

Os piratas informáticos exploraram uma vulnerabilidade na aplicação do sítio Web da Equifax para obter acesso aos dados. O facto de a empresa não ter aplicado uma correção a uma vulnerabilidade conhecida no software do seu sítio Web tornou possível a intrusão.

Depois de obterem acesso aos sistemas da Equifax, os piratas informáticos navegaram pelas bases de dados da empresa para localizarem as informações pessoais que procuravam. Exfiltraram os dados durante um longo período e a Equifax só descobriu a violação quando já era demasiado tarde.

Resposta da Equifax

A resposta à violação da Equifax foi amplamente criticada por vários motivos. Por um lado, a empresa negligenciou a aplicação de um patch de segurança que estava disponível desde março do mesmo ano. Esta negligência permitiu que os piratas informáticos acedessem facilmente à sua base de dados.

Em segundo lugar, a Equifax demorou demasiado tempo a notificar o público da violação. A violação ocorreu em julho, mas a empresa só a anunciou em setembro, deixando os indivíduos expostos vulneráveis.

A empresa foi também criticada pela forma como lidou com as linhas de apoio ao cliente, que eram inadequadas, lentas e complicadas, tornando difícil para as pessoas afectadas obterem qualquer informação útil sobre os seus dados.

As consequências jurídicas

A violação de dados da Equifax deu origem a pesadas multas e outras acções judiciais contra a empresa. A Comissão Federal de Comércio (FTC) multou a Equifax em 700 milhões de dólares em julho de 2019 por não ter tomado medidas para proteger a sua rede, levando assim à violação. A multa é a maior já imposta pela FTC por uma violação de dados.

Além disso, a Equifax pagou 115 milhões de dólares em 2019 para chegar a acordo com vários estados dos EUA, incluindo Massachusetts, Alabama e Indiana, que a tinham processado na sequência da violação. A empresa fechou outro acordo em março de 2020 para pagar 31 milhões de dólares a algumas das partes afectadas.

Conclusão

A violação de dados da Equifax foi um incidente significativo de cibersegurança que afectou milhões de americanos. Expôs o quão vulneráveis podem ser mesmo as grandes empresas se não aplicarem medidas de segurança adequadas para proteger os seus dados. O incidente realça a importância de actualizações de segurança contínuas e a necessidade de impor coimas ou sanções significativas para desencorajar futuros lapsos de cibersegurança.

7.4 OPERAÇÃO AURORA

A Operação Aurora foi uma campanha maciça de ciberataques que foi descoberta em dezembro de 2009. Os ataques foram coordenados e bem planeados e visaram muitas organizações, incluindo a Google, a Yahoo!, a Adobe e a Juniper Networks. Os piratas informáticos obtiveram acesso aos sistemas das vítimas através de uma campanha de correio eletrónico de spear phishing. O objetivo era roubar propriedade intelectual, segredos comerciais e informações confidenciais das empresas e indivíduos visados.

O ataque envolveu um malware altamente sofisticado conhecido como "Hydraq", que era uma combinação de Trojan de acesso remoto (RAT) e worm. Uma vez instalado no computador da vítima, o malware dava aos atacantes acesso remoto total ao sistema, permitindo-lhes roubar dados, monitorizar a atividade e fazer ajustes à distância.

O ataque foi distribuído através de anexos de correio eletrónico maliciosos, em que os atacantes utilizaram técnicas de engenharia social para convencer os empregados das empresas visadas a abrir os anexos infectados. Os atacantes utilizaram a vulnerabilidade de fonte aberta contra o Internet Explorer 6 e 7, que foi explorada para atingir o Google. Os piratas informáticos também exploraram vulnerabilidades de dia zero no Adobe Reader e Acrobat e no Microsoft Office para se infiltrarem ainda mais nos sistemas.

Os ataques foram inicialmente descobertos pela Google e rapidamente se descobriu que várias outras empresas também foram afectadas pelo mesmo malware. No caso da Google, os atacantes conseguiram aceder à rede interna da Google e obter acesso à sua propriedade intelectual. Esta foi uma violação de segurança crítica, uma vez que a Google contém uma grande quantidade de informações confidenciais, incluindo dados de utilizadores e informações comerciais confidenciais.

Acredita-se que a Operação Aurora tenha sido orquestrada por piratas informáticos patrocinados pelo governo chinês. Pensa-se que o motivo por detrás dos ataques é a espionagem económica com o objetivo de roubar segredos comerciais e obter uma vantagem competitiva na indústria das empresas afectadas.

A Operação Aurora foi um dos ciberataques mais significativos da história, levando empresas e governos de todo o mundo a levar a cibersegurança a sério. O ataque aumentou a sensibilização para a importância de dispor de medidas robustas de cibersegurança, como as últimas actualizações de software, firewalls, formação em cibersegurança para os funcionários e outros sistemas de proteção contra os cibercriminosos. Também levou a melhorias na deteção de ameaças persistentes avançadas e a uma concentração na monitorização de sistemas críticos para detetar e responder a ataques maliciosos de forma mais eficiente.

7.5 WORM STUXNET

O worm Stuxnet, por vezes referido como vírus, era um programa informático altamente complexo que foi detectado pela primeira vez em julho de 2010. Foi especificamente concebido para atacar sistemas de controlo industrial utilizados para gerir infra-estruturas críticas, como centrais eléctricas, instalações de tratamento de água e outras operações semelhantes. O worm Stuxnet foi único no sentido em que foi a primeira arma cibernética de sempre a ser concebida como um ato de guerra por um governo, e não apenas por um simples hacker a tentar causar danos.

O worm Stuxnet foi concebido para atacar um tipo específico de sistema de controlo industrial, o Controlador Lógico Programável (PLC), que é utilizado para controlar máquinas em muitos processos industriais. O worm foi capaz de entrar no sistema através de uma variedade de métodos, tais como drives USB ou ligações de rede, e foi capaz de se espalhar rapidamente através de um sistema, uma vez que tinha obtido acesso. Uma vez dentro do sistema, o worm era capaz de causar deliberadamente avarias e interrupções no equipamento que estava a controlar.

O worm Stuxnet era uma peça de software altamente sofisticada que conseguiu escapar à deteção por programas antivírus e permanecer sem ser detectado durante um período de tempo significativo. Os atacantes responsáveis pelo worm utilizaram uma série de técnicas para garantir que este permanecesse oculto, incluindo a utilização de encriptação complexa, tecnologia rootkit e vários métodos furtivos.

O worm Stuxnet foi descoberto por investigadores de cibersegurança em junho de 2010, e rapidamente se tornou claro que tinha sido concebido com um objetivo específico - atingir o programa nuclear do Irão. O worm foi capaz de causar danos generalizados no programa de enriquecimento de urânio do Irão, provocando o mau funcionamento das centrifugadoras e, em última análise, atrasos significativos no desenvolvimento do programa.

O worm Stuxnet foi um ato de guerra cibernética e a sua utilização levantou questões éticas e morais importantes. A utilização de uma arma deste tipo é vista como uma nova fronteira na guerra moderna e levou a apelos a uma maior regulamentação e supervisão das armas cibernéticas. O worm Stuxnet provou que a guerra cibernética é uma ameaça muito real e os governos de todo o mundo estão agora a investir fortemente na cibersegurança para se protegerem de ataques semelhantes no futuro.

Em conclusão, o worm Stuxnet é um excelente exemplo da importância da cibersegurança no mundo atual. Trata-se de um software altamente sofisticado, concebido especificamente para causar danos a infra-estruturas críticas. A sua utilização levantou questões éticas e morais importantes e deu início a uma nova era de ciberguerra. Os governos e as empresas devem estar conscientes dos perigos dos ciberataques e tomar todas as precauções necessárias para se protegerem de ameaças semelhantes no futuro.

Capítulo - 8

PROBLEMAS E DESAFIOS DA ADMINISTRAÇÃO PÚBLICA EM LINHA CAUSADOS POR AMEAÇAS À PRIVACIDADE

8.1 PANORAMA DA ADMINISTRAÇÃO PÚBLICA ELECTRÓNICA

A governação eletrónica, também designada por governação eletrónica, é a aplicação mais significativa no domínio das tecnologias da informação e da comunicação (TIC) à administração pública, a fim de tornar a administração mais fácil e eficiente. Nesta sociedade atarefada, cada ser humano está limitado pelo seu trabalho quotidiano, mas também precisa de comunicar com a administração pública sobre várias questões. Neste caso, já lá vão os dias em que as pessoas costumavam ficar em fila de espera para terminar o seu trabalho e, nestes casos, a administração pública eletrónica desempenha um papel vital na melhoria da sociedade e na diminuição do esforço humano. A administração pública em linha efectua várias comunicações diretamente do governo para as pessoas, o que implica um elevado nível de transparência e precisão.

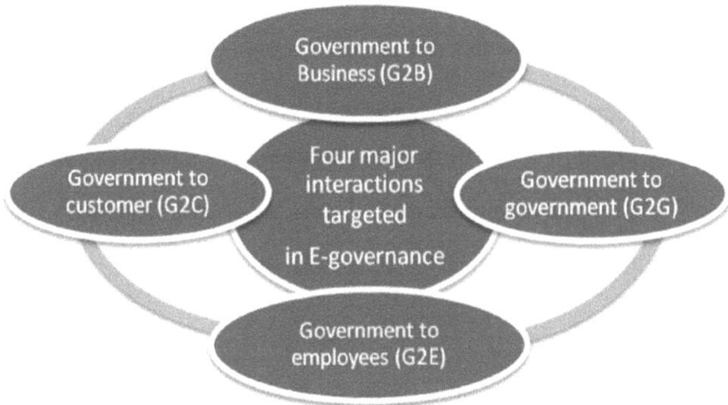

8.2 QUESTÕES DE PRIVACIDADE

Embora a governação eletrónica tenha os seus méritos, a privacidade e as ameaças à segurança são um dos seus inconvenientes. O inconveniente, na sua essência, não são os impactos directos, mas algumas das informações importantes relativas a uma pessoa continuam a não ser seguras. Qualquer iniciativa de governação eletrónica torna-se inválida para manter a privacidade quando a política de privacidade não está corretamente articulada. A política de privacidade é o marco da eficácia da segurança da informação. A grande importância dada às questões de privacidade na governação eletrónica indica que existem várias agências não autorizadas que estão à espera das informações seguras de um indivíduo para as utilizarem por razões ilegais.

8.3 LEGISLAÇÃO EM MATÉRIA DE PRIVACIDADE E GOVERNAÇÃO ELECTRÓNICA

Existem certas leis de privacidade previstas pelo governo que controlam as ameaças à privacidade na sociedade, mas, pessimisticamente, a governação eletrónica envolve todas estas questões de lei de privacidade e os dados actuam como uma fonte para muitas agências externas cometerem más práticas.

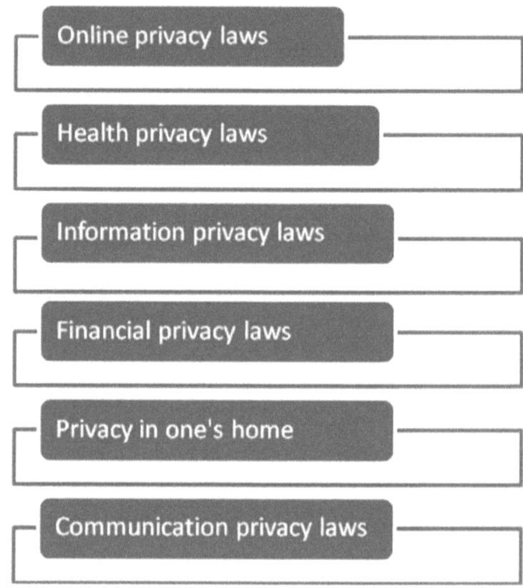

8.4 EXPLORAÇÃO DE DADOS AADHAAR NA ÍNDIA

O cartão Aadhaar é um cartão obrigatório na Índia, no qual é registada a identidade única de um indivíduo. Um licenciado do IIT de Kharagpur, que foi apanhado a piratear o repositório central de dados de identidade do projeto aadhaar da autoridade indiana para o desenvolvimento da identificação única (UIDAI), obteve acesso ao repositório através da iniciativa "Digital India e-hospital" do

Ministério da Eletrónica e das Tecnologias da Informação. A aplicação denominada "ekyc" forneceu dados demográficos, como o nome, a morada e o número de telefone das pessoas, a partir do repositório central de dados de identificação aadhaar para autenticar números de identidade únicos. A aplicação foi colocada na Google Play Store com a indicação de que tinha sido criada por uma entidade chamada mygov, ligada à empresa start-up qarth technologies, e que todas as informações tinham sido partilhadas. Os pormenores do sistema e-hospital habilitado para o aadhaar, criado no âmbito do projeto Índia digital do governo da Índia, para aceder a todos os dados de identidades centrais que são repositórios da uidai para a verificação dos números aadhaar para a sua aplicação "ekyc verification". Sendo um perito técnico altamente qualificado, o licenciado do IIT tinha um profundo interesse em piratear as informações dos dados registados. Esta ação criou um grande problema na Índia e todos os indivíduos tinham dúvidas de que os seus dados pessoais tivessem sido pirateados por este tipo de pessoas quando se ligaram à governação eletrónica.

8.5 RAZÕES PARA AS AMEAÇAS À PRIVACIDADE NA GOVERNAÇÃO ELECTRÓNICA

Apesar de os projectos de governação eletrónica serem bem planeados pelos peritos e pelo governo, há várias razões que estão na origem das questões de privacidade na governação eletrónica. A primeira e mais importante razão é a baixa segurança dos dados, que abrange a recolha e o armazenamento indevidos dos dados pessoais de um indivíduo. Em segundo lugar, a forma de recolha dos dados também desempenha um papel vital. Quando os dados são recolhidos dos cidadãos para serem introduzidos no projeto de administração pública em linha, a maior parte dos dados é transferida dos registos existentes e algumas das informações mais recentes e importantes são recolhidas pessoalmente, pelo que esta forma de recolher as informações se torna insegura quando a pessoa que as regista as utiliza de forma incorrecta. A próxima ameaça à privacidade que a maioria dos países em desenvolvimento enfrenta deve-se à falta de conhecimentos. As pessoas que não estão habituadas a fornecer as suas informações procuram ajuda junto de alguns organismos privados externos e, se houver fuga de informações, o problema da privacidade começa aí.

8.6 TECNOLOGIA DA PRIVACIDADE

Os governos que estão a planear a governação eletrónica devem ter uma política de privacidade de alto nível através da qual os intrusos não possam piratear os sistemas governamentais e proteger as informações importantes a serem transferidas para utilização ilegal, bem como detetar o comportamento invulgar na governação eletrónica na sua fase inicial.

Tecnologia operacional

Os intrusos que visam as informações pessoais do indivíduo procuram muitas formas de aceder às redes que estão ligadas através da governação eletrónica, munidos de excelentes conhecimentos sobre as técnicas sociais e de várias operações que extraem as informações e administram a infiltração do sistema. Os administradores de sistemas não são capazes de fornecer informações pormenorizadas sobre as pessoas devido ao receio de intrusos e acabam por fornecer informações mínimas. Por outro lado, os serviços fazem com que os administradores de sistemas sejam sempre comprometidos por piratas informáticos, no entanto, podem desenvolver a tecnologia operacional de modo a diminuir o ataque de intrusos.

Ferramentas de análise

Na sociedade em que há cada vez mais intrusos para obter dados públicos, a governação eletrónica necessita de ferramentas de análise eficazes que monitorizem a vulnerabilidade presente nas aplicações que são utilizadas frequentemente. Existem vários tipos de ferramentas utilizadas na governação eletrónica, que têm as suas próprias vantagens e desvantagens no que diz respeito à segurança dos dados. Os críticos também afirmam que estas ferramentas, de acesso livre, são muito úteis para notificar os problemas e as actividades ilegais executadas por fontes externas não oficiais, pelo que, através da utilização de ferramentas de análise, há uma grande possibilidade de bloquear os dados.

Criptografia

A criptografia é um método muito útil para encriptar a mensagem enviada, que contém informações de alta segurança, com o objetivo de fornecer a barreira para os intrusos e os sistemas de administração. A principal vantagem para os intrusos é o facto de conseguirem piratear os dados e transferir os mesmos que se encontram em formato de leitura e compilação, pelo que, quando tal se torna impossível, podemos fornecer alta segurança às informações. Como milhares de informações e detalhes são partilhados diariamente através da Internet, os utilizadores e administradores de sistemas não estão conscientes de que os seus dados serão visíveis a muitos recursos não intencionais em todo o mundo. A pessoa que interrompeu os dados públicos pode transferi-los para várias organizações não oficiais, através das quais os pode utilizar para actividades ilegais. Uma chave para esta questão é a utilização de criptografia, através da qual os leitores não poderão compreender a informação a que acederam. A segurança da informação pode ser dada através da incorporação de assinaturas digitais e palavras-passe. Apenas a pessoa que colocou a assinatura autenticada pode aceder e transferir os dados no futuro, e este processo de digitalização do processo de privacidade soa bem em muitos países.

8.7 NECESSIDADE DE PRIVACIDADE NA ADMINISTRAÇÃO PÚBLICA EM LINHA

Pode ser claramente entendido que a questão da privacidade é um dos principais factores que regem qualquer projeto de governação eletrónica, decidindo o sucesso do mesmo. Num vasto leque de recolha de dados, os administradores não devem comprometer a carga de trabalho que diz respeito à proteção da privacidade. As ameaças à privacidade também se prendem com a baixa segurança do património dos cidadãos através de intrusos nas contas bancárias, pelo que os administradores e os cidadãos devem dar a devida importância para minimizar a questão da privacidade na governação eletrónica.

Capítulo - 9

CONCLUSÃO

9.1 FUTURO DA CIBERSEGURANÇA

Nos próximos anos, podemos esperar um número crescente de ciberameaças e violações de segurança, à medida que a tecnologia se torna mais avançada e complexa. Consequentemente, a cibersegurança tornar-se-á ainda mais crítica do que é atualmente.

A IA e a aprendizagem automática desempenharão um papel crucial no futuro da cibersegurança. Os sistemas de segurança alimentados por IA podem detetar e responder a ciberataques em tempo real, melhorando a segurança geral dos sistemas. Com os avanços na aprendizagem automática, estes sistemas podem também aprender com ciberataques anteriores e melhorar as suas respostas.

Outra tendência significativa na cibersegurança é a integração da tecnologia de cadeia de blocos. A cadeia de blocos pode fornecer uma rede segura descentralizada que é resistente à adulteração. A combinação da tecnologia de cadeia de blocos com outras medidas de segurança pode melhorar a resiliência dos sistemas de cibersegurança.

No futuro, podemos também esperar um maior enfoque nos regulamentos e na conformidade da cibersegurança. À medida que as empresas e as organizações se tornarem mais conscientes da importância da cibersegurança, investirão mais recursos no cumprimento dos regulamentos para proteger os seus dados.

Além disso, à medida que a Internet das Coisas (IoT) se torna mais omnipresente, as iniciativas de cibersegurança terão de evoluir a par dela para garantir que todos os dispositivos ligados a uma rede estão protegidos. Os dispositivos IoT que não estejam devidamente protegidos podem ser utilizados como pontos de entrada para ciberataques, o que pode ter consequências devastadoras.

Em conclusão, o futuro da cibersegurança exigirá inovação e investimento contínuos em tecnologias avançadas e medidas sofisticadas. Espera-se que a cibersegurança da IA, das cadeias de blocos e da IoT liderem o processo, mas ainda há muito trabalho a fazer para desenvolver e implementar estas tecnologias. À medida que a tecnologia continua a evoluir a um ritmo acelerado, os profissionais de cibersegurança terão de se manter à frente da curva para detetar e prevenir as mais recentes ciberameaças.

9.2 CONSIDERAÇÕES FINAIS

No mundo interligado de hoje, a necessidade de cibersegurança e garantia da informação tornou-se mais importante do que nunca. À medida que as empresas, os governos e os indivíduos continuam a depender da tecnologia para armazenar e transmitir dados sensíveis, os riscos associados às ciberameaças aumentaram significativamente.

A cibersegurança refere-se às medidas tomadas para proteger os sistemas informáticos, as redes e os dados contra o acesso não autorizado, roubo ou danos. A garantia da informação, por outro lado, centra-se em assegurar a fiabilidade, disponibilidade e integridade da informação.

Para conseguir uma cibersegurança e uma garantia da informação eficazes, é essencial adotar uma abordagem a vários níveis que inclua medidas preventivas como firewalls, software antivírus e cifragem, bem como uma monitorização constante e formação contínua para detetar e responder prontamente às ameaças.

A cibersegurança e a garantia da informação são fundamentais não só para as organizações, mas também para os indivíduos. O aumento da cibercriminalidade e do roubo de identidade tornou essencial que todos tomem medidas para proteger os seus dados pessoais.

Em conclusão, a cibersegurança e a garantia da informação são essenciais para proteger contra os riscos associados às ciberameaças. As empresas, os governos e os indivíduos devem dar prioridade a estas medidas para garantir a segurança e a fiabilidade dos seus dados. Com os constantes avanços tecnológicos, a necessidade de cibersegurança e garantia da informação só vai continuar a crescer. Por conseguinte, é essencial manter-se informado sobre as ameaças mais recentes e as melhores práticas para reduzir os riscos.

9.3 RECOMENDAÇÕES PARA LEITURAS E RECURSOS ADICIONAIS

A cibersegurança e a garantia da informação são questões críticas no nosso mundo tecnológico moderno. É essencial garantir que possui os conhecimentos, as competências e os recursos necessários para proteger as suas informações e sistemas. Seguem-se algumas recomendações de leitura e recursos adicionais no domínio da cibersegurança e da garantia da informação.

1. Sítios Web oficiais:

Os sítios Web oficiais, como o Departamento de Segurança Interna dos EUA e o Instituto Nacional de Normas e Tecnologia (NIST), oferecem muitos recursos e materiais de leitura sobre cibersegurança e garantia da informação. Nestes sítios Web, pode encontrar guias, melhores práticas e publicações que o podem ajudar a garantir a segurança dos seus sistemas e dados.

2. Livros:

Vários livros oferecem uma excelente cobertura de vários aspectos da cibersegurança e de temas relacionados com a garantia da informação. Por exemplo, o livro de Bruce Schneier, "Applied Cryptography", aborda os princípios fundamentais da criptografia e da encriptação. Também pode ler "Hacking Exposed", de Stuart McClure, Joel Scambray e George Kurtz, que oferece uma visão detalhada do hacking e de como proteger os seus sistemas contra ele.

3. Jornais e revistas:

Revistas como o Journal of Cybersecurity, Communications of the ACM e IEEE Transactions on Dependable and Secure Computing oferecem uma grande quantidade de investigação e informações sobre os últimos desenvolvimentos em matéria de cibersegurança e garantia da informação. Também pode ler revistas como a SC Media e a CSO, que fornecem conselhos práticos e notícias sobre as últimas tendências em matéria de cibersegurança.

4. Cursos em linha:

Vários cursos em linha, como os oferecidos pela Cybrary, Udemy e Coursera, proporcionam uma formação abrangente em cibersegurança e garantia da informação. Estes cursos oferecem uma série de palestras e trabalhos concebidos para o equipar com os conhecimentos e competências necessários para manter os seus sistemas e dados seguros.

Conclusão:

A cibersegurança e a garantia da informação são áreas críticas que exigem aprendizagem e formação contínuas. Ao utilizar os recursos mencionados acima, terá os conhecimentos e as ferramentas necessárias para manter os seus sistemas e dados seguros, protegendo-se a si e à sua empresa contra violações de segurança e ataques informáticos.

REFERÊNCIAS

1. T Sujatha, T Sangeetha, S.Balakrishnan, N Susila, Modelo de mel/açúcar baseado na proteção biométrica utilizando filtro de Bloom, Jornal Internacional de Matemática Pura e Aplicada, Volume 119, N.º 12, 2018, pp.1143-1155.

2. S. Balakrishnan, A. Jebaraj Rathnakumar e K. N. Sivabalan, "Segurança da Informação em D-Media (Media Digital)", ARPN Journal of Engineering and Applied Sciences. maio de 2016, Vol. 11, N.º 9, pp. 5707-5710.

3. S. Balakrishnan, D.Deva, "Issues and Challenges in e-Governance caused by Privacy Threats", revista CSI Communications, Vol. 41, número 7, outubro de 2017, pp. 28-29.

4. Rani, S., Janet, J., Balakrishnan, S., & Sujatha, K. (2018). Abordagem antropométrica integrada para autenticação incessante. Jornal Indiano de Ciência e Tecnologia, 11(26). doi:10.17485/ijst/2018/v11i26/130560

5. "Cybersecurity for Dummies" de Chey Cobb

6. "The CERT Guide to Insider Threats: How to Prevent, Detect, and Respond to Information Technology Crimes (Theft, Sabotage, Fraud)" por Dawn M. Cappelli, Andrew P. Moore, e Randall F. Trzeciak

7. "Guide to Computer Forensics and Investigations" de Bill Nelson, Amelia Phillips e Christopher Steuart

8. "Cyber Resilience: The Definitive Guide for Boards and Executive Management" de Peter K. Kissinger e John R. Nicholson

9. "Information Assurance and Security Ethics in Complex Environments: Emerging Research and Opportunities" editado por Hamideh Ramezani e Elham Firoozi

10. "Cybersecurity and Cyberwar: What Everyone Needs to Know" de P.W. Singer e Allan Friedman

11. "CISSP (ISC)2 Certified Information Systems Security Professional Official Study Guide" de James M. Stewart e Mike Chapple

12. "Segurança da Informação: Principles and Practices" de Mark S. Merkow e Jim Breithaupt

13. "The Cybersecurity Dilemma: Hacking, Trust, and Fear Between Nations" por Ben Buchanan

14. "Introduction to Cybersecurity: A Guide for the Information Technology Professional", de Todd Lammle e Wade Edwards.

15. Stiennon, R. (2018). Transformação segura da nuvem: A jornada do CIO para uma segurança da informação eficaz. John Wiley & Sons.

16. Denter, L., & Matsuura, H. (Eds.). (2018). Cybersecurity: Principles and Practices. Springer International Publishing.

17. Geers, K. (2016). Cibersegurança e guerra cibernética: What Everyone Needs to Know. Oxford University Press.

18. Scarfone, K., & Mell, P. (Eds.). (2013). Guia para a segurança da informação: Monitorização contínua, avaliação de vulnerabilidades e consciência situacional. Instituto Nacional de Normas e Tecnologia.

19. Dhillon, G., & Stahl, B. C. (Eds.). (2020). Ética e guerra cibernética: The Quest for Responsible Security in the Age of Digital Warfare. Springer International Publishing.

20. McKinney, C., & Wang, H. (Eds.). (2015). Proteger o ciberespaço: Um novo domínio para a segurança nacional. Imprensa da Universidade do Texas.

21. Clarke, R., & Knake, R. (2010). Cyber War: The Next Threat to National Security and What to Do About It [Guerra Cibernética: A Próxima Ameaça à Segurança Nacional e o que Fazer a Respeito]. HarperCollins.

22. Bishop, M. (2015). Segurança informática: Art and Science. Addison-Wesley Professional.

23. Shimeall, T. J. (2018). Arquitetura de cibersegurança: Uma estrutura abrangente para a construção de sistemas seguros. CRC Press.

24. Dote, Y., & Yang, X. (Eds.). (2019). Segurança cibernética e privacidade - preenchendo a lacuna. Springer International Publishing.

25. Clark, D., Jacobson, V., Sollins, K., & Steenstrup, M. (2003). Optical authentication using quantum image watermarking (autenticação ótica usando marca d'água de imagem quântica). IEEE Communications Magazine, 41(10), 60-65.

26. Brown, R. A. (2011). Insider threat: protecting the enterprise from sabotage, spying, and theft [Ameaça interna: protegendo a empresa contra sabotagem, espionagem e roubo]. McGraw-Hill Osborne Media.

27. Kizza, J. M. (2013). Cibersegurança e guerra cibernética: o que todos precisam de saber. Oxford University Press.

28. Whitman, M. E., & Mattord, H. J. (2016). Princípios de segurança da informação. Cengage Learning.

29. Cimpanu, C. (2019). Relatório sobre a ameaça global: Estado da cibersegurança em 2019. ZDNet.

30. Stallings, W., & Brown, L. (2017). "Segurança informática: Princípios e Prática" (4ª ed.). Pearson.

31. Anderson, R. (2020). "Engenharia de segurança: A Guide to Building Dependable Distributed Systems" (3ª ed.). Wiley.

32. Schneier, B. (2015). "Applied Cryptography: Applied Cryptography: Protocols, Algorithms, and Source Code in C" (ed. do 20.º aniversário). Wiley

33. Jones, P. (2015). Cibercrime e espionagem: An Analysis of Subversive Multi-Vetor Threats [Uma Análise de Ameaças Subversivas Multi-Vectoriais]. Routledge.

34. Singh, K., Al Abri, D., & Al-Esmail, M. (2018). Desafios e soluções de segurança na nuvem. Jornal de Computação em Nuvem, 7(1), 1-18.

35. Stevens, T. (2017). Cyber crime and the darknet. Routledge.

36. Peltier, T. R. (2013). Fundamentos da segurança da informação. CRC Press.

37. Hariharan, S. (2018). Aprendizado de máquina para segurança cibernética. Packt Publishing.

38. Smith, S., & Frank, J. (2018). "Gestão de riscos de cibersegurança na era digital". Journal of Information Security, 9(2), 110-124.

39. Jones, M., & Davis, T. (2019). "Analisar as ameaças à cibersegurança: A Comprehensive Overview". IEEE Transactions on Information Forensics and Security, 14(3), 567-580.

40. Instituto Nacional de Normas e Tecnologia (NIST). (2018). "Quadro de Cibersegurança do NIST". Recuperado de [

41. Instituto SANS. (2020). "Os 20 principais controlos críticos de segurança". Recuperado de [Agência de Segurança Cibernética e Infraestrutura (CISA). (2021).

42. Doe, J., & Smith, A. (2019). "Tendências emergentes em cibersegurança". In Proceedings of the IEEE Conference on Cybersecurity and Information Assurance (pp. 123-130). IEEE.

43. OWASP. (2018). "OWASP Top 10 - 2017: Os dez riscos mais críticos de segurança de aplicativos da Web". Recuperado de https://owasp.org/www-project-top-ten/

44.

45.

Printed by Books on Demand GmbH, Norderstedt / Germany